GRIGORI

Las enseñanzas de Grigori Grabovoi sobre Dios
Creación del Objetivo de Control

Seminario del autor creado por Grigori Grabovoi el 21 de diciembre de 2004.

G.P. GRABOVOI
Las enseñanzas de Grigori Grabovoi sobre Dios.
Creación del Objetivo de Control.

El texto de la obra fue creado por primera vez por Grigori Petrovich Grabovoi durante el seminario del 21 de diciembre del 2004.
Al crear el seminario, utilizó el método de desarrollo eterno con el pronóstico exacto de los eventos futuros. La validación al 100% de las predicciones de Grigori P. Grabovoi han sido comprobadas por protocolos y testimonios publicados en una edición de 3 volúmenes de las «Prácticas de Control - Camino de la salvación.». Al crear el texto del seminario G.P. Grabovoi primero obtuvo un pronóstico exacto de los eventos futuros y después creó un texto que enseña a todos sobre el desarrollo eterno, con la debida consideración de eventos específicos del futuro que conciernen a cada persona y al mundo entero.

Todos los derechos reservados. Ninguna parte de este libro se puede reproducir de ninguna forma sin el permiso expreso y por escrito del titular de los derechos de autor.

21 de diciembre de 2004

Buenas noches.

El tema del seminario de hoy es sobre "Las enseñanzas de Grigori Grabovoi sobre Dios". Creación del objetivo de Control". Consideramos el principio de crear un objetivo de control en este tema, siempre que, cuando se forma una meta, hay muchas condiciones adicionales que deben ser consideradas. En términos generales, la metodología para establecer el objetivo, en principio, como Norma, el hombre conoce el objetivo, aunque es necesario que lo determine correctamente. Es necesario asegurarse que el objetivo sea sostenible en el entorno de control.

En términos de tecnología, por ejemplo, cuando al principio mostré como llevar a cabo el control en el nivel primario, de hecho, que el objetivo es conocido, en esta tecnología, considerando el nivel anterior de control, muestro en general, como puede ser capaz de crear el objetivo, que puede formarse principalmente e incluso en muchos métodos, sistemas y principios, en las condiciones de la información anterior. Es decir, el objetivo de una reacción instantánea, por ejemplo: necesita reaccionar, para que no haya un posible problema, y pueda desarrollarse rápidamente, ¿cierto? ... Esa es una reacción rápida. El objetivo allí es como un sistema de respuesta, el objetivo de control. Sin embargo, en todos los casos, puede crear un objetivo de control, por ejemplo, a través del análisis.

¿Para qué sirve un análisis determinista o simplemente el análisis de alguna situación? Porque, en esencia, esta tecnología también se refiere al hecho que, en términos de eventos pasados, todavía es posible formar un objetivo principal de acción en relación con los eventos, es una consideración de los eventos y la próxima acción.

Tecnológicamente, como regla, prácticamente sucede de tal manera, que cuando una persona establece o cumple el siguiente objetivo, considera todo lo que ya se había implementado en un cierto nivel. Es decir, ve su experiencia acumulada en la implementación de hasta cierto punto; en principio, la experiencia objetivo que necesita en este momento.

En consecuencia, el nivel propio del alma se revela en el objetivo de control. Es decir, en términos generales, el objetivo, como regla, está determinado inicialmente por la acción del alma. En términos generales, existe un estado más sostenible, incluso estático, como la percepción del alma. Es decir, una persona se enfrenta a un sistema de percepción de su propia alma. Por lo tanto, la identificación de la meta es una tarea bastante simple, ya que existen muchos componentes diferentes de las situaciones.

La creación precisa del objetivo de control es la siguiente: Por ejemplo, decidimos crear un objetivo sin saberlo (de antemano), está claro que (el objetivo) es creativo. Pero hemos decidido crear un objetivo de control. Luego resulta que, en términos generales, surge un nivel que necesariamente considera las dinámicas del desarrollo de Dios, en este caso esa es la acción de Dios, y la dinámica del desarrollo en relación con la suya es inmediatamente visible en la forma en que Dios se manifiesta en el mundo físico. Por lo tanto, es la obra precisamente en todos los niveles en relación con la meta. Es decir, primero, vemos la obra de Dios, tratamos de correlacionarla u obtenemos información sobre las acciones y luego formamos una meta. qué necesitamos? Que, en principio, talvez, ya sea conocida. Entonces, resulta que es necesario tener en cuenta el factor del pasado en la formación de la meta; luego, donde la experiencia acumulada, afectara su meta, ¿cómo cumplirla? El objetivo de control puede ser, por supuesto, no solo el objetivo, sino también la tecnología de la implementación, la realización del objetivo. Luego consideramos como el alma percibe la realidad y por qué el objetivo se forma de tal manera. Aquí está el momento nodal más importante, en general, en términos organizativos, en la organización de la meta.

¿Por qué el objetivo se forma así, para el alma en términos de un mayor desarrollo del Alma? Por ejemplo, con el desarrollo eterno, está claro que el hombre debería estar sano, o al menos, debería poder recuperarse, construir los eventos más favorables, si es posible.

Resulta que aquí vemos el estado; es el hombre, en realidad, en la formación de como si fuera un solo objetivo, incluso un objetivo cotidiano: Por ejemplo, el hombre va a la tienda, a menudo se ve obligado a resolver los problemas del plan fundamental. Tan pronto como llegue a un cierto nivel especialmente de las estructuras de objetivos a largo plazo o en términos de contenido. Es decir, el hombre a menudo se enfrenta a los objetivos estratégicos.

Resulta que su alma hace una proyección, donde en la unión con las almas de otras personas o con la voluntad de otras personas, y con la acción de otras personas, vemos que la estructura de control comienza a comprimirse en una realidad percibida. Es decir, en general, para el hombre, la realidad que surge delante de él es su objetivo de control original en el nivel, donde Dios ha definido la tarea para todos a la vez, generalmente hablando. Aquí es un contexto importante para aprender exactamente, como crear la meta de control: Aquí Dios prácticamente le muestra al hombre su conexión con el mundo entero y su tarea específica. Es decir, en principio, una persona siempre enfrenta específicamente su problema personal. Y resulta que es igual para Dios: ¿Por qué puede Dios controlar todos los elementos de la realidad simultáneamente? Porque para Él, cada tarea es personal, privada y casi fundamental, incluidas las conexiones de un nivel con las demás.

En base a esto, podemos crear un objetivo de control para hacer que ese control creativo tenga un significado, es decir, cambiar el control en el nivel de una acción, en el nivel de la percepción, es decir, en un modo de ciertas dinámicas de la interacción para poder hacerlo, por lo tanto, cuando desarrollamos el objetivo de control, debemos considerar casi simultáneamente lo que está sucediendo alrededor del objetivo. Mientras se desarrolla el objetivo, al mismo tiempo que hacia la implementación, para poder considerar los factores externos. Es decir, es un sistema de control dinámico, que a veces en realidad tiene un grado de carga bien definido, porque puede suceder, que la estructura requiera una cierta corrección, un control externo y su (control) o una conexión del control colectivo. Y luego, resulta que, en general, el control es la solución de los problemas personales de una persona en las condiciones de su voluntad expresada. Es decir, resulta que la creación del objetivo de control es principalmente una estructura volitiva, que determina como un sistema dinámico, el sistema de desarrollo del objetivo.

Por ejemplo, queremos hacer algún tipo de control de pronóstico a largo plazo, o algún tipo de formación pronostica, teniendo en cuenta el control externo, el estado actual, donde considera las tareas de control como, por ejemplo, la principal, las siguientes o las que ya se han producido y así sucesivamente, es un nivel infinito, entonces es la tecnología de la vida eterna, donde el desarrollo se manifiesta aquí como un sistema de cierta información, frecuentemente precisa, que se desarrolla para todos en la forma del entorno externo. Es decir, toda la información eterna puede detectarse como un sistema propio del entorno externo.

Es un importante nivel de control, porque con el entorno externo, al igual que con la información externa, siempre puede realizar una acción de control, que siempre ocurre en el nivel de control de su parte. Y así, cuando creamos la meta de control, toda la información externa en términos de desarrollo eterno es una especie de camino eterno, que se esfuerza exactamente para usted, esta información se dobla como si estuviera en el núcleo de la Estructura.

Es decir, la creación tiene lugar en el nivel de la dinámica de la interacción eterna, y como si de un objetivo expresado. Ese es el objetivo, donde hay algunos procesos finitos, y este objetivo interactúa con el entorno eterno. Resulta que la creación de la meta son los valores claramente declarados: todos saben lo que quieren y, al mismo tiempo, en general, toda la enorme masa de cierta información se encuentra precisamente alrededor de su meta, o esta interactuando constantemente, o puede considerar la estática de la estructura, que es la dinámica en el enfoque. Es decir, cuando se aproxima, la estática comienza a manifestarse como dinámica de control o simplemente en un sistema dinámico en tiempo real, en un modo de dialogo o en un modo de nivel mono, donde su control interactúa con muchos sistemas de dialogo, también, o para llevar muchos diálogos con muchos sistemas.

Comienzas a introducir tu significado de control personal en el desarrollo infinito. Por lo tanto, también generalmente transmites la experiencia de tu tarea. Es decir, si las personas trabajan para lograr el objetivo de control, resulta que es muy bueno transferir más información a aquellas personas que implementan el objetivo, por ejemplo, incluyendo su (objetivo), o si se trata de algún tipo de objetivo colectivo. Y trata de educar, mientras considera el hecho, que sabe lo que ocurrirá con estas personas en los eventos futuros, es decir, de hecho, que incluso no necesariamente solo para estas personas, tal vez, hay algunos objetos de información allí, y así sucesivamente. Así, podemos establecer el siguiente objetivo de control, por ejemplo. En otras palabras, necesitamos ver eventos favorables en el mundo el próximo ano, (pensar en el ano correspondiente), año 2005 (año de referencia de la fecha del seminario). Por lo tanto, debemos crear este objetivo de control e influenciar en aquellas estructuras que pueden estar actuando, por así decirlo, no en la medida en que sean ahora, son efectivos, o deben ser creados, en general, para que los eventos se desarrollen favorablemente.

Para esto, en este contexto de control, primero, con bastante frecuencia, deberá realizar el control de ti mismo, muy rápidamente, a la velocidad del rayo, con los momentos de la declaración de objetivos, el control personal de ti mismo, digamos que, si toma en cuenta que, al mismo tiempo que el control se origina no solo desde su cuerpo físico, debe observar obligatoriamente esta super velocidad, de cómo actúa Dios. Es decir, aquí es necesario sincronizar muy rápidamente. Es decir, prácticamente no diferir en el nivel de la acción del nivel del impulso de la acción de Dios.

Es un instante, un control inmediato para un desarrollo positivo y bueno de eventos. Es decir, al principio, no entramos en detalles, solo decirlo simplemente. Intentamos hacer como si la acción de control previo, que está en la creación de la meta de control. Tan pronto como la meta solo se ponga en práctica. Eso es antes, como dije, verbalmente, inicialmente había llevado el nivel de control, entonces traje exactamente la palabra.

Resulta que cuando comenzamos a sumar el control personal, por ejemplo, con lo que ya está empezando a suceder en los términos verbales, aquí podemos ver el siguiente enlace, por ejemplo, si consideramos enero del 2005 y considera los eventos en España, por ejemplo, allí, del 20 al 25 de enero. Existen algunos eventos en el pasado, que son algunos aspectos del control en el pasado.

Si estos eventos tienen algún nivel de acciones previas, entonces hay dos niveles de reacción. Quiero decir, ya sea para usarlos en general, o de cualquier manera para no reaccionar en absoluto, de que ha habido algún control preliminar. Y hacer una nueva estructura de control.

En este sentido, es necesario, por ejemplo, detallar el sistema. Es decir, en términos de eventos favorables en todo el mundo, macro rescate, entonces identificamos el elemento de España. Y estamos hablando de algunos números, por ejemplo, allí el 20 de enero del 2005, la situación puede ser detallada. Pero una vez que emitimos el nivel de control, es natural, así es como has hecho el primer nivel de control, y Dios lo ha hecho contigo. Hiciste el control, entonces resulta que el evento se está desarrollando en la dirección de la optimización.

Es decir; supuestamente podemos considerar el estado del transporte, una línea fija / normalizada, supongamos que es el entorno ecológico. Y comenzamos a normalizar la línea en el campo de la ecología, moviéndonos, por ejemplo, en los primeros días de enero. Pero puedes normalizarlas desde Rusia. Es decir, tome, por ejemplo, allí, la molécula de oxígeno, para aumentar el volumen, es decir, simplemente para crear el aumento de oxígeno en la estructura de control. Y para enviar el control, por ejemplo, a través de las primeras fechas a la misma España, allí, ya en la vigésima (fecha).

Es decir, comenzamos a trabajar con la fecha. En general, como poder reestructurar esta fecha con una fecha fija, cuando sabe que esta fecha, es desfavorable, por ejemplo, ¿Como asegurarse de que esta fecha no tendrá efectos adversos? Como mostré, la opción más fácil es trabajar, primero, con el entorno primario, es decir, donde identificamos la estructura digital allí, por ejemplo. Eso es oxígeno, aire, podemos decir, en principio, que vemos oxígeno a cierta distancia de nosotros mismos, ¿verdad? Bueno, está en todas partes. Es decir, no está formulado como por el numero de una vez. Podemos decir que el peso total de oxigeno es así. Pero no lo necesitamos ahora.

Entonces resulta que encontramos un control, como si empezara a equilibrar la fecha y transferimos el control a Rusia porque allí es lo suficientemente bueno, digamos que sí. Y el control sostenible, en mi opinión, en el centro de Rusia también será más favorable en términos del entorno político. ¿Estamos tomando el control del territorio de España, ¿no es así? ... Entonces, comenzamos a observar los países vecinos: Francia, el Reino Unido. ¿Cuáles son las relaciones, por ejemplo, después del 2005, entre Gran Bretaña y Rusia? Son naturalmente favorables, pero, por ejemplo, en 2007, debemos agregar a un nivel político, que sea más amplio en términos de cooperación entre el Reino Unido y Rusia.

Es decir, algunos elementos comienzan a desarrollarse, lo que, en principio, lleva el control a un estado más distante, es decir, el sistema político se cruza, por ejemplo, allí, con el evento (sistema) ecológico, etc. Es claro para todos que ahora existe un tema bastante agudo, peculiar, ni siquiera agudo, sino más bien problemático como es el terrorismo. Entonces, resulta que en la fracción Colectiva de la Conciencia, naturalmente, existe esta combinación en algún lugar, en términos de la posible influencia terrorista. Y, por ejemplo, si consideramos, supuestamente, cuando hemos realizado el trabajo en la meta de control... en el elemento de enero, por ejemplo, todo lo misino en todo el mundo, pero a través de España, es decir, generalmente no especifiqué el control y no arreglé el evento. Es decir, simplemente trabajamos alrededor de la fecha en este caso.

Podemos ver que es posible un ataque terrorista, por ejemplo, en los primeros días de febrero en Israel, podemos hacer este sistema ahora, habiendo conocido la experiencia anterior. Es decir, aquí en la creación del objetivo de control. Es de alguna manera importante tener toda la experiencia previa más cercana. Es importante si bien el conocimiento acumulado, la experiencia allí, no se puede utilizar completamente.

Ese es un control externo, (la experiencia) todavía se usa como el poder del Espíritu, como un elemento de conocimiento, pero no se puede usar tecnológicamente especialmente. De todos modos, ¿por qué estoy estudiando precisamente en este caso, si debo considerar el nivel de educación? Cada persona está aprendiendo a hacer algo en control, por ejemplo. ¿Y cuándo hay un concepto - ensenar a alguien, ¿verdad? Entonces, de alguna manera, el hombre estudia por su cuenta.

Y si pasamos a estructurar una fecha, supuestamente, tengo que ensenarle al hombre a asegurase de que no habrá un problema. Entonces digo que enseño (**я учу**) (enseñar en ruso). Pero si agregamos "**сь**" con un signo suave (**я учусь**) resulta que aquí agregamos una forma de sonido ¿verdad? y obtengo conocimiento. Es decir, ahora significa (Yo aprendo)

Bueno, en principio solo puedo percibir información, por ejemplo, hay algo de acumulación de conocimiento. Es decir, cualquier acumulación de conocimiento lo está aprendiendo de alguna manera. En este caso, podemos decir que el hombre está estudiando allí en el momento actual, como si estuviera constantemente capacitándose en algunos procesos. Y resulta que esto se debe al hecho de que existe un concepto que el hombre aprende, es decir, puede cambiar el aparato de control todo el tiempo.

Puede, por ejemplo, debido al autoestudio o a la autopercepción, o, por ejemplo, puede ir a cierto sistema de control, activando la conciencia, ciertas fracciones de la Conciencia para obtener conocimiento, es decir, aprender a hacer algo nuevo. Por lo tanto, en el establecimiento de objetivos de control siempre es necesario establecer un mecanismo: aprender cómo hacer algo completamente nuevo. Es decir, percibir todo lo nuevo, por ejemplo, el sistema tecnológico que puede usarse, bueno, supongamos que, en los ataques terroristas aquí, en este caso, pueden ser completamente nuevos en general.

Por lo tanto, la primera tarea es aprender a asegurarse de que, hasta ese momento, esas tecnologías no surjan: y de manera bastante optima, las personas interesadas, simplemente no estarán interesadas económica ni organizativamente, Quiero decir, tienen una vida más feliz, y se dan cuenta, porque no lo están haciendo. Simplemente les damos tales eventos de la vida.

Entonces la formación de nuevos sistemas es como si no se produjeran allí. Pero entonces debo poder entrenarme, es decir, educarme en ese momento. Es decir, hasta dominar ese punto de control, tengo que enseñarme a mí mismo, desde el momento actual; ¿qué debo hacer entonces? Por ejemplo, allí, a fines de enero del 2005, en principio, es educar a todos. En este caso, hablo bien, de mí mismo, en general, como una persona podría hablar de sí mismo.

Y luego resulta que el hombre necesita aprender exactamente ciertas estructuras para hacer frente al objetivo de control. Ahora consideraremos países como Francia y Austria a fines de febrero del 2005. Y a través de la regulación, nuevamente proveniente de Rusia, precisamente por un método político, comenzamos a perfilar, lo mismo, incluso los ataques terroristas locales. Que en este caso debido al hecho de que ahora hay tiempo, podemos, por ejemplo, aprender y aprender con precisión a implementar nuevas tecnologías, en cualquier caso; que nosotros podemos regular exactamente, al menos para minimizar, pero idealmente es necesario evitar que el proceso exista, porque cualquier minimización no es en ningún caso una solución.

En general, no es una solución en absoluto. Es decir, si hay, supuestamente, un ataque terrorista o, en general, alguna acción problemática, en principio, no solo para la Civilización, sino personalmente, para el hombre, en cualquier caso, se considera que el control no es implementado. Y, por lo tanto, al crear el objetivo de control, nosotros controlamos, entonces, en cualquier caso, debemos asegurarnos de que existirá naturalmente la posibilidad de la implementación del objetivo.

Por ejemplo, Dios tiene un objetivo, entonces, como empezar, Por ejemplo, transferirnos en el tiempo, si puedes decirlo allí, antes de la tarea de crear al hombre, aunque en esencia, el hombre fue creado prácticamente con Dios.

Es decir, cuando Dios es creado por sí mismo, emergen todas las realidades externas e internas. Y resulta que, sin embargo, nosotros como si estiráramos el modelo lógico abstracto: entonces, para Dios, es necesario crear al hombre aquí. Entonces resulta que El todavía tiene que realizar la acción casi instantáneamente y por así decirlo prolongarla. Es decir, Él debe mantener en concentración el cumplimiento obligatorio de este hecho. Y así, El creó al hombre. Entonces resulta que, una vez que creó al hombre, Él tiene la siguiente tarea. Esa es la tarea en el objetivo de control: Controlar como en el nivel creado. Y entonces, tenemos que ver aquí, por ejemplo, de una manera específica, lo que dije exactamente sobre el hombre, es suficiente para que rescatemos a una persona especifica en un lugar determinado donde está amenazada por algún tipo de problema.

De hecho, estamos tratando con todo el sistema. Y resulta que, para salvar a una persona en Austria y Francia, al mismo tiempo vemos que, en principio, estamos hablando de Europa Occidental, por ejemplo, la República Federal de Alemania, que nosotros, por ejemplo, no tocamos tales temas en absoluto ahora, pero trabajamos de manera indirecta. Sin embargo, si se manifestaran algunos conceptos específicos, es necesario hacer el control de estos conceptos para que sea efectivo y necesariamente tenga lugar. Es decir, cada uno tiene una tarea personal.

Con todo esto, una persona definitivamente debe resolver las tareas personales, implementarlas. Resulta que, después de todo, una persona en el momento de la solución de sus tareas personales, por ejemplo, está allí también para brindar seguridad a otros... a veces las personas también se cuidan a sí mismas. Aunque los que participan en el sistema de rescate, a menudo no se cuidan a sí mismos, sin embargo, tiene sentido mirar periódicamente sus propios eventos. Y cuando, por ejemplo, resulta que llevamos a cabo el control de objetivos, supuestamente, ¿verdad? Supongamos que, en algunos países, en algunos sistemas políticos, existe un nivel muy simple, que en realidad es una especie de nivel de la norma absoluta: que el hombre debe vivir feliz, eternamente. Y este hombre, si empiezas a moverlo, solo su imagen, su información sobre los países del mundo, entonces se ve de inmediato, donde hay una diferencia con esta norma.

Es decir, por ejemplo, tomamos al planeta Tierra para esto, en este caso estamos hablando de la Tierra, tenemos un nivel de control. Si hay algún otro planeta, estamos interesados en él ahora en términos de cómo debe permanecer en su lugar, y un cometa no lo golpeará, y los fragmentos no se dispersarán, en dirección a la Tierra.

Al menos en este objetivo de control, generalmente no establecemos la tarea, porque en general, solo el desarrollo de la vida puede ser un tema de interés para nosotros. Por favor, deja que cualquier forma creativa de vida se desarrolle naturalmente allí. Justo aquí resulta que consideramos que todo el espacio exterior es el objetivo local. Todavía hay planetas, el mundo exterior, y así sucesivamente. Es decir, todavía hay interacción.

¿Por qué creó Dios el estado interno del alma? Porque en el interior del hombre se reflejan los procesos de toda realidad externa. Es decir, no es necesario explorar el espacio para él durante tanto tiempo, él puede ver los procesos y afectarlos positivamente a través de la estructura de la clarividencia allí, por ejemplo. Es decir, tenemos un mecanismo, así que, en principio, estamos trabajando nuevamente en la meta. Resulta que la limitación de la meta, su localización

¿cierto? dar forma a un cierto control significa la consideración de los factores externos. Cuanto más precisamente consideremos, supuestamente, el numero infinito de sistemas externos, más precisamente veremos la forma óptica en el objetivo de control, incluso en los términos lógicos.

Y ahora, habiendo realizado el control, por ejemplo, en relación con marzo, tenemos que hacer la transición urgente y muy rápida nuevamente a diciembre del 2005. Eso es a la vez de marzo a diciembre, y en realidad cerrar el ciclo de eventos. No es un ciclo complete, al nivel de la implementación de todos los eventos simultáneamente, en el nivel favorable. Este nivel existe en el alma del hombre. El alma en el nivel de perfilado capta el nivel veloz de esta Luz de cognición de control, en realidad, significa que donde lo que ya se ha aprendido ya se ha implementado como un nivel de acción instantánea. Es decir, te has preparado. Incluso a menudo es suficiente tener un pensamiento, que necesitas prepararte para ciertas acciones, y ya estás listo.

Aquí instantáneamente cierras el control hasta el momento y comienzas a corregir aquí este círculo de eventos ciertos, o una espiral de eventos allí como si estuviera en una cierta forma de norma. Es decir, comienzas a cumplir la norma hasta marzo, por ejemplo, allí, para todas las civilizaciones. ¿Por qué supongo que debo establecer una tarea de control tal, por ejemplo, que en algunos casos muestra más el aspecto ideológico? ¿Y en algún lugar hay algunos países o eventos específicos? Porque desde mi punto de vista, considero que, en este nivel de control, cuando trabajamos juntos ahora. Creo que es mejor decir de esta manera. Es decir, el objetivo de la salvación global se logrará más efectivamente aquí, y los participantes lograran el control sobre sus objetivos personales.

Eso es deseable en el seminario de hoy para organizar necesariamente objetivos personales, crearlo y hacerlo de tal manera, para que se logren el ano próximo o en el futuro infinito allí. Es decir, resulta que necesitas identificar tus propias tareas tanto como sea posible y tratar de entender mi nivel de control en la versión aplicada, cuando implementas los objetivos. Quiero decir, trata de ver cómo se desarrollan las metas en el espacio y el tiempo, y si estas son metas a largo plazo, no hay problemas.

Es decir, el objetivo identificado localmente ahora, pero no a largo plazo es bastante simple de controlar. Es una línea ordinaria de luz que, por así decirlo, se extiende, por ejemplo, hacia el infinito, pero tiene las estructuras aplicadas de la implementación. Entonces, ya sabes lo que va a pasar. Pero hay en principio, incluso es posible sin "pero" - solo hay sistemas de control, que comienzan a encontrarse. Aquí es importante saber que de alguna manera necesitarán control. Ahora solo digo que estamos identificando un sistema que necesita ser controlado sin corregir el estado negativo del evento, cuando sea posible.

Podemos determinar los factores primarios que, tal vez se relacionan con ese u otro elemento. Pero en principio, en general, en la lógica de control, es necesario llevar a cabo el control, de modo que incluso cualquier información exacta, si es desfavorable, se transfiera primero a una fase de sistemas menos visibles. Es decir, la información del futuro tiene una propiedad muy simple, pero bastante efectiva, en general, incluso es conveniente, que no se implemente un sistema desfavorable. Como regla general, en realidad ni siquiera es necesario inicialmente, si el hombre se da cuenta de esta área: Al instante ajusta su recurso y todos los recursos de la personalidad. Y, por cierto, Dios también crea más niveles de control, para que puedas obtener conocimiento.

Es decir, siempre puedes ver cómo superar alguna situación, ¿verdad? Y en este sentido, para que la situación se normalice, resulta que puede, de inmediato, obtener información y controlar el equilibrio en el contacto directo con Dios. Lo principal es ver el control constantemente viniendo de ti. Eso es todo lo que estoy haciendo, como el control de hoy para el año 2005, sigo manteniendo la línea de la concentración. Es decir, ahora solo tengo una tarea: Controlar a través de la salvación global en la dirección de los eventos favorables en todo el mundo. Y aunque ya lo he comentado al principio, es posible que no recuerde, ni visualice, por no decir que, una vez más, está claro para todos que existe tal objetivo. Y básicamente, es el propósito habitual de cualquier persona, en general. No solo el año 2005, sino que todo el futuro infinito debe ser normal para cualquier hombre.

Resulta que aquí, es como si se tratara de una posición tal de un determinado objetivo, no para un hombre, sino un cierto objetivo que existe en algún espacio de información. Y si, por ejemplo, queremos entender cómo se está implementando este objetivo. ¿Como allí, en el alma de Dios? ¿Dónde está localizado? Es decir, declaré el objetivo del control. Pero hay un lugar, donde en general, como si se ubicara el mismo objetivo para todos. Resulta que este lugar suele ser básico, a voces resulta que, en la mayoría de los casos, ese es el control el próximo evento. El control efectivo del próximo evento contiene el objetivo principal que estamos formando hoy, por ejemplo, allí en diciembre del 2004, tenemos el objetivo de control, y este objetivo es visible en marzo del 2005. Es decir, resulta que, al igual que Dios, el periodo de tiempo está prácticamente ausente.

Y resulta que es suficiente solo para visualizar la ausencia de un periodo de tiempo, para considerar solo el espacio de la acción, de la implementación de los eventos, entonces surge un mecanismo muy poderoso para gestionar eventos futuros. Cuando el elemento de tiempo se retira, el evento se construye de manera muy simple. Debido a que un evento fuera de tiempo no se arregla rígidamente, ¿no es así? En el sistema de la conciencia colectiva o no se arregla en absoluto. Es decir, se cree que el tiempo existe, y como si hubiera un control asociado con el tiempo. Resulta que, durante algunos microsegundos, encuentras un nicho de la capacidad de control completa de este proceso, arreglas algún proceso del futuro y simplemente comienzas a mover el control, como algunas piezas de ajedrez, hablando relativamente. De hecho, puede ser así.

A través de la proyección de una determinada acción, por ejemplo, de un juego de ajedrez o a través de una cierta proyección, puedes hacer: Encontrar métodos de control, etc. Entonces, en el sistema de tal acción, el control de eventos es como la luz externa. ¿Como lo lograras? Existe un control universal o la visualización de algunos sistemas de control equivalentes, en general. Lo principal es ver la acción finita fuera del tiempo, que es un aspecto atemporal. Y tan pronto como llegue a este control, queda absolutamente claro, en cualquier caso, en cualquier combinación de eventos que está en total seguridad, saludable y demás, y los eventos se desarrollan favorablemente a su alrededor.

Es decir, esta es una especie de quintaesencia de control. A menudo ocurre como si hubiera más en el pronóstico o un nivel más largo, pero es realmente deseable atraerlo aquí, en este momento. Es decir, si logras esa estabilidad en marzo, es suficiente obtener luz de ella aquí. Y vera que este anillo / bucle que cerró de marzo a diciembre del 2005, desde marzo del 2005, como si ya hubiera pasado a la hora actual. Entonces, este es el ciclo de control complete que ya tienes.

Es decir, comenzar, ahora es muy posible considerando los eventos en detalle, incluidos los eventos de enero, por ejemplo, del 2005. Por cierto, desde este punto de vista, es posible considerar los eventos anteriores más detalladamente en otros lugares; que, donde ocurrió, es decir, hacer un análisis sobre la regulación macroeconómica allí. Y cuando comienza a estar en una fase estable de control, es decir, mantiene bajo control, por ejemplo, el intervalo de un ano, entonces, es la forma más fácil de mantener bajo control el intervalo de un ano. Si tiene diez años de anticipación para ciertos eventos, ya sea una vida personal: Bueno, en pocas palabras, estar sano y que todo sea favorable para usted. Aquí, la luz de estos eventos como si fuera del nivel superior para el año en curso. Comienzas a ver que el ano, en principio, es solo una de las concentraciones, que no es difícil en general.

Puede alcanzar el control cuando se ve una concentración tan rígida como si se viera desde lejos. Entonces, resulta que hay aún más concentración. Por ejemplo, ¿cómo hace Dios al construir los eventos? El hace que el siguiente nivel sea más concentrado.

Entonces resulta que es bastante rápido para Él entrar como en el siguiente nivel anterior. Para Él, es como la mañana, digamos, si lo consideramos como un estado anterior en relación con la noche, entonces, digamos que la mañana de Dios es el siguiente evento. Y resulta que Él está mirando desde aquí. Si El cambia rápidamente su percepción, El comienza no solo a equilibrar los eventos actuales, sino a unirlos en un paquete común, tal vez con respecto a los eventos vecinos, a los siguientes y así sucesivamente. Resulta que la luz emerge en la tarea dada, que vino a su evento.

Por ejemplo, allí, del 2015 o 2018. Vamos a tomar un poco más adelante. Resulta que esta luz solo es necesaria para comenzar a tejer, es decir, para conectar con algunas líneas, incluida la acción inversa. Es claro, que, si un evento anterior hubiera ocurrido, entonces el evento tiene como si un cierto nivel de la acción consecutiva. Y si para poder vincular todos los eventos anteriores en el mundo, se atan muy rápidamente con al menos, uno de tus eventos favorables, que bueno, ciertamente puedes lograrlo allí, incluso de una manera elemental, que simplemente esta ahí en los segundos - hay una buena idea y así sucesivamente-. Sera un aspecto de control muy poderoso, que permitirá resolver problemas estratégicos.

Entonces, hagamos el control, para marzo del 2005, en general, hasta el infinito, para que todo sea favorable debido a la rápida conexión de los eventos estratégicos, distantes, por ejemplo, en el futuro infinito, y marzo del 2003. Y pase inmediatamente a abril, luego a marzo del 2003, como si pasara al siguiente nivel. Es porque la luz concentrada se vuelve más baja, como resultado.

Verás, que las conexiones muy poderosas van allí. Es decir, como si el poder de la luz fuera alto. Y resulta que una vez que llegas a un año anterior allí en el 2002, o 2000, incluso al nivel del nacimiento, resulta que el 1 de marzo, cuando solo está allí, por ejemplo, el primer marzo, del que surgió a la vez, es necesario iluminar todos los eventos. Y a través de estos eventos se hace un evento favorable en el desarrollo infinito. Entonces, recibirá exactamente eventos favorables, pero precisamente en marzo del 2003, que puede asignar aquí, por ejemplo. Mira: El control es de nuevo hasta el 2003. Aquí, por ejemplo, en este caso, en marzo del 2003, bueno, simplemente tome los eventos favorables del pasado, que fueron favorables, y convierta la información energética de ellos en el 2005.

Es decir, en el 2003, definitivamente se puede obtener, que tipo de eventos son favorables. Y emítalos, recibe la norma en el 2005, como si estuviera en la plataforma. Es decir, en una palabra, en resumen, establecer una conexión muy rápida entre el pasado infinito y el futuro infinito.

Y marzo del 2005, estos eventos deben necesariamente llevarse a cabo de manera favorable. Se harán exactamente así. Ahora llevas a cabo el control, incluidas las tareas personales. Y llevare a cabo el control contigo.

Aquí es necesario prestar atención, que cuando hablé de marzo del 2003, cuando existe esta liquidación de eventos, por ejemplo, tomamos el 2018, existe una diferencia en tres años, por ejemplo, a partir del 2015. Resulta que tenemos el número tres, ¿verdad? De alguna manera, por así decirlo. Y este año 2003 en este caso lo utilicé como plataforma generalizada. Es decir, traje los tres de los ocho. Hecho de tal manera, para que el número no se visualice.

El objetivo en control es que el número, que puede, por ejemplo, contener algunas características de negatividad, supongamos algo, ¿verdad? Que el número no se formaría al momento de fijar los sistemas de control. Por lo tanto, lo hice, que dos o incluso tres, y varias veces en control, demostré que el control proyectivo se extiende hasta el 2003. Así que, la diferencia; antes de eso, yo diría, en general, como si. accidentalmente dijera que existe el 2015, consideremos 2018 - Yo agregue tres años por algún motivo, ¿verdad? Entonces, así es como hice el externo, ¿verdad? Como si fuera un control más asociativo, que es como si fuera posible. Pero en realidad, esta precisión aquí se logra precisamente en el hecho que, en cualquier caso, alcanzas la precisión cuando utiliza el sistema de control externo al máximo. Utilice esta diferencia en tres años Y cuando trabaje con el 2005, señalé dos veces los eventos positivos en marzo del 2003.

Y resulta que, en principio, para obtener lo mismo, que superas la situación favorablemente, y en el futuro se desarrolla de manera muy diferente, por así decirlo. Es decir, si hubiera habido situaciones desfavorables en un antes, luego, en un momento anterior, es posible considerar todos los eventos que fueron positivos para ti. En esta cierta plataforma di positivismo, también, en dicho nivel de soporte, llevar el control a uno positivo obligatorio. Por ejemplo, en marzo del 2005. Al mismo tiempo, 2003 es simplemente como un sistema.

¿Cómo se enciende el control? Existe un interruptor de encendido y apagado, donde solo se enciende un sistema positivo, ya superado, y tiene un sistema positivo, aunque será generalmente un día. Es decir, acabas de recordar un día normalizado, cuando piensa que todo está bien este día. O algún buen pensamiento ahí fuera, ¿verdad? Mira, después de todo, ese periodo.

Luego resulta que el hombre es básicamente como Dios: Él sabe exactamente lo que el futuro es favorable para Dios. El hecho, que confía en el hecho, primero, de que, bueno, si asumimos que existe un elemento temporal del tiempo como el pasado para Dios, allí, entonces el pasado es favorable. El hace toda la realidad en un elemento auspicioso. Es decir, El hizo toda la realidad en el elemento del nivel primario de la creación. Parecería que es un pequeño elemento de luz allí, y en general, ya toda la próxima realidad está en esta luz.

Aquí, entonces, resulta que la sostenibilidad del tiempo de control actual es bastante grande. Bueno, en general, los recursos de control mayores ocurren en el tiempo actual. Resulta que cuando configuras tus tareas y controlas desde ti mismo, puedes usar formas de sonido allí, puedes usar, por ejemplo, el sistema de vibración de información allí, algunas formas de vibración de sonido, color, en principio, puedes trabajar por número, pero, en la fase de pronóstico, cuando trabajas por medio de un número; el numero debería funcionar solo para el control y la formación de números positivos.

Luego resulta que básicamente podemos hacer esto de manera simple y elemental: Por ejemplo, en marzo, entonces, justo en los días, escriba el control para cada día de marzo. Nos aseguraremos de que, en cualquier caso, haya una combinación positiva de eventos para Rusia. La región central de Rusia, Moscú: Existen perspectivas de desarrollo de la civilización, etc. Dado que la civilización, en cualquier caso, debería desarrollarse eternamente, entonces, las perspectivas tienen que ponerse en control, donde los planes reales son los planes ejecutados.

Es decir, a veces el concepto de "prospectos" es una acción terminada. Al menos, deberías entender lo que había pasado. Cuando ya comprendes, entonces comprendes que, bueno, como si algo bueno hubiera sucedido allí, ¿verdad?

Pero nuevamente, al ocurrir, la experiencia anterior a menudo permite comprender, ¿verdad? O incluso, sin experiencia, solo información común, que algo bueno existe en esta acción. En principio, esto es suficiente para llevar a cabo el control. Pero todavía necesitamos visualizar al menos una o dos estructuras, que se necesitan para desarrollar la civilización: Algunas nuevas tecnologías están más inclinadas a la gente, y así sucesivamente, y cuando vemos que tiene lugar algún foro.

La reunión sobre el nivel de organización de los tipos de energía, la implementación de los niveles de energía existentes, como la energía nuclear para fines industriales, por ejemplo. Está claro que es deseable, al menos, arreglar solo el objetivo industrial, ¿verdad? Y después de todo, retirar la energía nuclear de la circulación. Para dar el nivel de entrada de nuevos sistemas, que proporcionarán energía de manera segura para la humanidad, y así sucesivamente. Ese es un nivel bastante nodal. Ese es un nivel bastante interesante y bastante sistémico en marzo del 2005, cuando se resolverán los problemas relacionados con la civilización en su conjunto. Entonces, aquí es necesario ayudar en términos de la formación de un foro de este tipo. Por ejemplo, allí, el iniciador puede ser Rusia y, en principio, estará en Rusia. Pero aquí la noción de "voluntad" aquí, en este caso, se basa en el hecho de que hay un futuro absoluto. En principio, este es el nivel de la estructura, que significa el futuro en relación con una persona en particular. En cualquier caso, es, por supuesto, un buen futuro creativo. Pero cuando hablamos de países, incluso de dos personas, de todos modos, se debe llevar a cabo el control, es decir, la "voluntad", pero hay que ayudarlo.

Es decir, para llevar a cabo el control, de modo que el nivel de la creación de macros se escribiría formalmente allí en los documentos, y así sucesivamente, y se propaganda por todos los países. Y como dije; tan pronto como trabajemos en marzo, nos mudemos inmediatamente a abril, podemos considerar, por ejemplo, la región de Turquía, la región central de Asia Central, por ejemplo, Kazajstán. Entonces consideraremos las siguientes regiones en Rusia. Pero aquí en estos países, Turquía, Kazajstán, es necesario asegurarse que no habrá terremotos de naturaleza destructiva.

Quiero decir, solo tienes que comprender la naturaleza de eso, de donde se origina el control. ¿Porque, nos atamos allí hoy? Yo personalmente até el hecho de que el macro control es exactamente el desarrollo favorable para todo el mundo; para abril, por ejemplo, está relacionado con el hecho de que no habría temblores. Y porque, en primer lugar, de hecho, significa que puede tomar cualquier elemento de la realidad, es decir, cualquier acción que deba tomar aquí, cualquier persona y, por lo tanto, en relación con él para tomar el control.

Sera el mismo control, relacionado con el hecho de que todo ha sido favorable en todo el mundo. Es decir, en principio no hay elección especial. Entonces, hay eventos futuros allí, pero en su mayoría son positivos para las personas de allí. Pero aquí resulta que hay un proceso de igualdad. Cuando creas un objetivo de control, debes tener la igualdad de todos los sistemas de acción. Quiero decir, toma a cualquier persona; pensemos en un niño caminando en algún lugar de Australia en este momento y puedes controlarlo. Aquí lo hice específicamente allí. Desde el punto de vista tecnológico, no hay diferencia. Eso significa reducir o eliminar la posibilidad de un terremoto en Turquía, Kazajstán, para resolver eventos favorables cerca de este niño. Y luego resulta que ahora con este conocimiento podemos movernos, por ejemplo, a los territorios del norte de la Federación Rusa. Resulta que no había emisiones ambientales problemáticas allí, ningún problema con la energía nuclear, y así, no afectaran a nadie, en términos generales. Esta ya claro. Además, ni siquiera son peligrosos ahora. Pero después de cinco años puede haber preguntas. Es mejor empezar y decidir ahora.

Es decir, comenzamos a considerar el siguiente sistema de control, entonces, los siguientes aspectos de la acción. Y, en principio, estos aspectos se manifestaron después de que dije, que el control en relación con cualquier persona es siempre un control igualitario, es decir, una persona siempre tiene derechos iguales. Y es necesario hacer el control en relación con todas las personas, de hecho, incluso en esencia con todos los fenómenos de la realidad, pero, en primer lugar, con las personas. Y resulta que, en base a esto, si existe una infracción de intereses o hay algunos problemas para una persona en el futuro infinito, entonces podemos visualizar esta señal. De hecho, podemos ver, en general, una especie de sistema interactivo.

Quiero decir, del hombre del futuro, ¿verdad? En esta comprensión informativa, por ejemplo, el transfiere cierta información. Tal vez, él no se nota a sí mismo, pero vemos esta información a su alrededor. Y tan pronto como aprendemos a ver y ya hemos aprendido. Existe un aparato de diagnóstico, es decir, vemos que puede verse afectado. Aquí es donde empezamos a ver, por ejemplo, por qué Dios creó diferentes elementos de la realidad, por ejemplo, allí Dios pudo crear un mundo monolítico.

Pero la división allí, el nivel de la acción externa, de nuestra propia opinión; necesitamos introducir nuestra propia opinión en algún espacio, o visualizar, al menos. Y resulta que nuestra opinión determina la situación del futuro estratégico. Aquí he mostrado la salida en el evento del hombre, quien se encuentra, allí en un momento anterior. En términos de la ideología, que todas las conexiones en el mundo tienen un nivel infinito. En primer lugar, las conexiones, en segundo lugar, cada elemento está conectado con cualquier otro, cada elemento anterior siempre está conectado allí con el siguiente, como resulta ser.

Y la pregunta: ¿Como se conectó cada elemento siguiente con el elemento actual? Y aquí existe una construcción geométrica muy simple, en general, que podemos aplicar, por ejemplo, aun allí en abril del 2005, pero, habiéndolo considerado de alguna manera en abril de 2003, 2002, es decir, nuevamente creando una línea cruzada de ese tipo. Acontecimientos favorables precisamente en estos meses. Por ejemplo, en el año 2002 o 2000, abril, consideramos algunos eventos favorables. Tal vez, no es necesario recordarlos, solo considere los términos ópticos: Como crece la óptica en un nivel favorable. Reconocimiento del nivel favorable.

Quiero decir, Dios en el pasado, Él es como Él es ahora, ¿verdad? Es decir, la acción de Dios en el pasado no es diferente de la acción que es ahora, o en el futuro en el aspecto lógico. Dios siempre es Uno y sus acciones son las únicas. Resulta que, si existe una interconexión con la acción de Dios, y cualquier acción tiene lugar en las relaciones con la acción de Dios, ves un nivel favorable, entonces puedes usar precisamente la luz de los eventos. No es exactamente como un objeto o una forma allí, o, supongamos, no se trata de llevar allí una cierta cantidad del volumen de esta luz y reorganizarla aquí, sino simplemente el conocimiento que se obtiene al considerar esos eventos. Y la posibilidad de corregir eventos pasados, esa es la característica de este control.

Quiero decir, si, por ejemplo, hay un arma nuclear, es posible, por supuesto, se retirará de la circulación por los medios políticos que existen, esto es efectivo. Pero puede afectar toda la realidad ingresando a la estructura anterior y simplemente corrigiendo la estructura, de modo que, en el futuro, cualquier elemento que amenace al hombre se minimice y se convierta finalmente en el sistema creativo allí.

Es decir, todavía es un control a través de un sistema anterior. Y resulta que el control, parece ser los procesos pasados, pero en realidad, es muy rápido obteniendo conocimiento y experiencia. Porque Dios da al hombre, conocimiento, no solo del presente, sino también del pasado. Es decir, si consideramos tal posición, ¿cómo percibe el hombre la realidad? ¿dónde existe generalmente el pasado? Resulta, en términos de memoria, ¿está claro? Pero si, por ejemplo, tomamos el espacio de información y asumimos que Dios está obligado a mantenerlo como si fuera todo el espacio del pasado, el futuro, el presente, entonces resulta que este es un espacio de control especifico. Este es un volumen real, una serie de información en términos de control.

Y resulta que, en base a esta masa, puede ser todavía lo suficientemente grande: Míralo, como si miraras un carro. Si tomas como si fueran muchos carros, es posible para influir debido al peso del carro actual; el que se está moviendo en la dirección que se había determinado de antemano. Resulta que si para llevar a cabo una concentración muy poderosa de los eventos pasados positivos, entonces todavía hay influencia. Pero lo único es que el pasado es como en un momento diferente, ¿verdad? Aquí presentamos el concepto de "tiempo".

¿Como supera Dios este concepto y usa el recurso del pasado? El solo está mirando el significado fundamental de lo que hay dentro de estos vagones, bueno, relativamente hablando, pero ¿cómo? ¿Como se conectan con otra cosa? ¿Cuál es otra propiedad de estos sistemas? Nosotros, por ejemplo, miramos naturalmente, la Tierra, así es. Es decir, la Tierra como un enlace de enlaces, como las propiedades de la concentración, bueno, las propiedades de reacción, las propiedades del uso de algunos elementos del pasado. Si tomamos, por ejemplo, los monumentos de la antigüedad, sintonízalos a través del espacio de la línea interior. ¿Por qué fueron creados por Dios? Está claro. Estos fueron creados por el hombre. Pero ¿por qué fueron creados por Dios? Entonces puedes ver la línea de interacción entre el Dios-hombre en el momento de la construcción. Quiero decir, es solo que es simple aprender a colocar ladrillos allí, el constructor los puso. Y resulta aquí que la geometría se entiende allí y así sucesivamente, ¿cómo Él? ¿qué significado le dio a eso? Es decir, se puede aprender mucho si solo consideramos un cierto nivel de realidad, por otro lado, por así decirlo, desde otra posición.

Y aquí resulta que, en mayo del 2005, Rusia puede tener una posición decisiva sobre la formación, por ejemplo, del movimiento antiterrorista en cuanto al hecho de que el fenómeno del terrorismo todavía significa, considerar que la cuestión fundamental está resuelta. Supuestamente, no solo a través de la persecución, sino también el mecanismo para resolver los problemas de estas personas. Es decir, son de algún lugar, por alguna razón actúan de esta manera.

Y resulta que allí debería desarrollarse un mecanismo para resolver estos problemas, donde hay un nivel fundamental de la esencia de la solución, donde Rusia puede tener una posición decisiva, mostrando precisamente las tareas de la civilización y los mecanismos de interacción en términos de los objetivos. Desde este punto de vista, las reuniones que pueden celebrarse son bastante útiles. Y, en general, esta estructura está bastante objetivada, ahora. Por ejemplo, hay varias reuniones en Austria, varias reuniones en Rusia, donde también se incluirá China. Al mismo tiempo, es importante que las reuniones se realicen en un ambiente pacifico, para que no haya posibilidad de ataques terroristas.

Porque luchar contra los actos de terrorismo allí en esas condiciones, cuando existe una cierta posibilidad de aumento, entonces no es realmente conveniente. Es deseable luchar contra los ataques terroristas en un ambiente pacifico, cuando los ataques terroristas aún no se han formado. Estamos haciendo algo bien, ¿sí? Esa es una dirección correcta. Trabajamos en un ambiente pacifico. Y resulta que, sobre la base de este control, es deseable que en junio del 2005 no existan medios, ni medidas allí, oportunidades de impacto en los niños, en principio. Así, es, los niños deben ser protegidos. Existe, por ejemplo, el Dia International del Niño.

Es decir, debemos tratar de llevar a cabo el control solo por grupos de edad: por lo tanto, segmentos socialmente menos protegidos de la población, existen adultos mayores, supuestamente, ¿verdad? Solo se necesita hacer control sobre todos ellos. Es decir, para darles la oportunidad. Si el hombre tiene una edad avanzada, por así decirlo, darle la tecnología de rejuvenecimiento, darle la oportunidad de aumentar los recursos de salud o simplemente para mejorar la salud. En cualquier caso, un objetivo en las tecnologías del desarrollo eterno es ensenar a los niños antes, incluso ensenar este tipo de arte, por así decirlo.

Los niños, lo pueden percibir como arte, por ejemplo, que se realiza a menudo en la pintura, en la música, etc., algunos bailes. Lo que preocupa a los ancianos, bueno, tal vez exteriormente, el hombre puede parecer una persona mayor, pero ser realmente muy joven en el alma. Y resulta que aquí, es sencillo darle un mecanismo: Como solo el alma humana puede, por ejemplo, revitalizar el cuerpo, si el alma se siente joven, por ejemplo. Entonces no hay un concepto de la "edad del alma" de hecho. Ahí está Dios, que creó las almas. Pero no hay tiempo para Dios durante la próxima creación. El alma, en principio, siempre tiene la misma edad, de hecho. Bueno, es una posición lógica, el alma solo ayuda aquí, entonces, para comprender el proceso, que, desde el punto de vista del alma, el cuerpo puede ser eterno, saludable.

Entonces, resulta que existe un concepto de la experiencia del alma, ¿verdad? Conocimiento, es decir, conocimiento que el alma posee. Parece una serie de información. Y así, existe una diferencia de percepción, allá afuera, de un alma madura o un alma joven, y así sucesivamente. Aunque es real desde el punto de vista de la construcción del mundo, lógicamente está claro que todos los elementos de la información primaria, que se organiza casi inmediatamente con Dios, tienen la misma velocidad de desarrollo, de hecho. Es decir, todas las personas son iguales, esencialmente tienen los mismos aspectos de una oportunidad.

Y, por lo tanto, en base a esto, necesita hacer la siguiente combinación de control. ¿Existen muchas personas en el mundo que necesitan protección? Deles el recurso de control. Luego, dejen que sean niños, que sean sociales, y me refiero a cualquier capa de la población que no esté segura, personas de mucha edad, etc. Por lo tanto, es necesario dársela a todos. Pero en este caso, asignamos una categoría especial, para protección, especialmente. Y cuando les demos el control y comienzan a interactuar, por ejemplo, al obtener el control, obtienen resultados. Empiezan a hacer contactos sociales, políticos, internacionales, etc., comienzan a sentirse como personas que rejuvenecen, si son personas mayores, o niños, que obtienen la experiencia. Entonces, el principio de igualdad con todas las demás personas se siente normalmente y tienen una posición de desarrollo socialmente estable, y comienza a implementarse.

Después de todo, Dios ha establecido la igualdad en el control para todos. En realidad, como si tuviéramos que educar o implementar. Por lo tanto, resulta que la tecnología en mis Enseñanzas es un camino posible precisamente a través del hecho de que proporcionamos un mecanismo de participación en la implementación de los sistemas de Conciencia Colectiva.

Por ejemplo: en el entorno social, político, y así. En base a esto, formamos un sistema de conocimiento tendría una recuperación instantánea, ¿verdad? El hombre se dio cuenta de algo, eso es todo, tiene descanso.

Por ejemplo. Supongamos que alguien se ocupa de la salud sistémica. Es decir, todos tienen una opción completa y gratuita. Aquí trabajamos casi igualmente en el mismo nivel. Cuando las personas trabajan juntas en la misma tarea, es decir, realmente controlamos.

Cuando el objetivo de control se logra de manera igual para todos o incluso por el mismo. Es decir, todos tenemos un mecanismo efectivo para lograr la vida eterna, por ejemplo. Y luego resulta que, y dado que la vida eterna es una medida necesaria, desde el punto de vista de Dios, entonces la igualdad de control, el mecanismo igualitario, es la oportunidad igual para lograr esta tecnología.

Desde este punto de vista, tomaremos, por ejemplo, una región como Japón. Entonces, considere nuevamente la primera posición, para que haya un ambiente más favorable, para que no haya eventos naturales o sociales adversos allí, y comience a transferir el control en términos de igualdad, el control establecido, por ejemplo, allí, en Rusia, para transferir el evento aquí. Es decir, significa que estamos haciendo el control, por ejemplo, primero para Rusia en junio del 2005 hasta un momento anterior: el año 2003, 2002. Ya hemos generado el nivel en menor medida, que es necesario supuestamente para la implementación de algunos eventos positivos. Porque ya está ganando velocidad y no necesita, un recurso anterior, es decir, cuanto más control llevas a cabo. Resulta que, además del objetivo de igualdad, es necesario establecer las siguientes tareas en la creación del objetivo de control.

Precisamente las tareas de usar la velocidad de control anterior, como si fuera a implementar el siguiente elemento o la siguiente iteración del control. Y es por eso que, de hecho, solo se puede hacer un análisis lógico de esas situaciones. Y luego, generalmente ya trabajas a expensas de tu propio recurso.

Al hacer que los eventos en Japón sean favorables, estamos pasando información de Rusia, como si todas las condiciones sociales que existen están, por supuesto, bien, en diferentes países, como se definen a menudo. Pero precisamente en el nivel intelectual, el nivel de interacción de la personalidad es el nivel que podemos transferir espiritualmente, allí, a todo el país, u otros países: Estados Unidos, etc., a los grandes, que son Tecnológicamente estables y tienen un cierto liderazgo en sus áreas, y así sucesivamente. Resulta que, si consideramos el concepto de "liderazgo", tenemos que obtener un conocimiento de este tipo, entonces, podríamos ser los líderes, por ejemplo, o al menos, no tendríamos menos sistemas tecnológicos. En control de gestión, en la implementación, en la economía.

Y así, podemos, sin ningún contacto con la información anterior, allí, lo que significa que, en julio del 2005, podemos hacer tal cosa, supuestamente, por ejemplo, como un referéndum internacional que podría tener lugar en Rusia: Puede ser Hecho: que las personas del mundo puedan invertir en el desarrollo del sistema global. Es decir, en general, un evento que se puede planear ahora, para hacer tal programa. Y que la gente vote, por ejemplo, para la creación de una organización sin fines de lucro, a saber, como si se tratara de un

Fondo intelectual, así es como se recopilan las firmas, pronto.

Pero debe hacerse durante la transferencia de tecnología para lograr estos eventos. Eso no es solo para recolectar firmas allí, sino que todos los que se han inscrito deben tener al menos algo de tecnología para impactar realmente en el mundo. Y, después de todo, no habría armas nucleares. Eso es, en general, tal vez a largo plazo. Para que no suceda algo así. Naturalmente, puedes ponerlo inmediatamente en el futuro.

Donde ya no existen armas bacteriológicas, químicas y así sucesivamente. Por lo tanto, en una palabra, el trabajo concrete contra el desarrollo de armas estaría allí.

Luego, como consecuencia, comienzan el desarrollo de cierta situación, desde julio del 2005, a partir del cual generalmente comienza un sistema positivo de desarrollo e información para la humanidad. Por ejemplo, en Canadá en agosto del 2005, esto es el 10 de agosto del 2005, entonces, la información se está implementando y, de nuevo, esta información preliminar se encuentra en Rusia, pero está en todo el mundo, se conocerá que los sistemas de contracción de algunas enfermedades que parecían ser incurables y ya se encuentran allí.

Luego, la información sobre la posibilidad de protección total contra algunos objetos espaciales externos se estudiará allí, que es tecnología de campo especial. En principio, incluso los sistemas de trabajo se crearán, al menos en el diseño. Entonces, esta información solo necesita ser desarrollada allí, para establecer vínculos informativos, entre Canadá, Moscú, Gran Bretaña, Nueva York. Y tratar de hacer estas rutas, que acabo de mencionar, serían las rutas de la paz mundial allí.

Pensamos que el avión está volando con alguna documentación a Nueva York, que sea el nivel que permitirá que la Civilización se desarrolle eternamente. Y, por lo tanto, la documentación fue creada en Moscú, en Rusia, sin embargo, de todos modos, la distribuimos va a todo el mundo. Y así, con el aterrizaje adecuado de la aeronave, si la documentación se recoge a tiempo, entonces no hay problema. El mundo se desarrolla cada vez más rápidamente. Y así, estará en el pronóstico, en cualquier caso. Resulta que hay sistemas que están comprometidos positivamente. Y ahora la tarea para septiembre del 2005: Es hacer que septiembre sea lo más favorable posible. De hecho, debemos asegurarnos que septiembre, sea absolutamente favorable, en términos generales, en la ideología de control debido al hecho de que algunos eventos de ataques terroristas están girando alrededor de septiembre, por ejemplo, agosto, etc. Y así, ya tenemos información previa sobre la cual es necesario trabajar en términos del nivel absoluto de la implementación, ¿verdad? Eso es, por lo tanto, estar en control, en la creación del objetivo de control, existe un nivel que debe ser absolutamente manifestado. Y no podemos, por ejemplo, permitir absolutamente nada en este caso. Bueno, en este caso "absolutamente" simplemente dice que debería haber al menos una Norma.

Entonces, resulta que existe más de la estructura de control que va al siguiente elemento: ¿cómo corregir el evento sin afectar? Entonces, nos movemos, por ejemplo, a noviembre del 2005, leemos informes que, supongamos, todo es normal allí en septiembre del 2005. Solo mire los periódicos. Pero deberíamos conseguir este periódico ahora. Y leyendo este periódico, en primer lugar, como si mejorara los eventos en noviembre, por lo tanto, en el 2005. Es decir, no hay problemas ambientales problemáticos, bueno, tal vez en el Lejano Oriente: Significa más o menos, entonces que la situación se nivela, etc.

Aunque si hacemos, otro control, tenemos que hacerlo específicamente, para que la situación en el Lejano Oriente sea nivelada. Simplemente lo tomamos en el futuro en relación con este proceso, le transferimos todo, y eso es todo. Y luego ya tenemos que utilizar todo el recurso existente, en términos generales, para asegurarnos de que obtendremos un septiembre un otoño favorable, en general. Sucede que algunos procesos se llevan a cabo en otoño relacionados, por ejemplo, con los ataques terroristas en hogares, y así sucesivamente. Y, en general, algunos de ellos son de ese tipo, fuera de lo común, ¿no es así? Como en Beslan de allí.

Resulta que, nosotros podemos hacer la única opción aquí, como si usáramos todos los recursos máximos en general, para que no haya ningún ataque terrorista, ¿verdad? O en realidad, no pasara nada en absoluto, ni tan de cerca.

Es decir, ahora nosotros, ¿que hemos hecho? Simplemente considera la información del pasado. Y allí perfilamos, tal vez, el desarrollo lógico de los acontecimientos. En realidad, ahora, introduzco un término como "realmente", es decir, puedes ver todo mucho más suave, más fácil. Y sería posible no contemplar en absoluto. Solo para considerar, tal como parece, era posible no considerar una verdadera cadena de eventos: tomar y disolver el control. Y allí es cuando disolvemos el control, recibimos realmente, como si fuera la norma del objetivo.

Pero, aun así, la consideración de todos los eventos anteriores es un valor importante, a veces es extremadamente importante. Por lo tanto, la tarea es utilizar todo el recurso. En consecuencia, en la meta de control y en la formación de la meta de control, en la creación, por así decirlo, en un sentido fundamental, así es como Dios crea la realidad: Dios excluye la realidad negativa al avanzar hacia el futuro. Es decir, hay un determinado mecanismo. Si, por ejemplo, comenzamos a implementar este mecanismo, entonces podemos introducir la estructura de control, es decir, la implementación en el futuro, para introducir el mecanismo de control máximo en la estructura del futuro. Para hacer esto, la experiencia acumulada que tienes, ¿verdad? Lo que has aprendido, lo introduces bien en estas estructuras, desde el punto de vista que, por ejemplo, no se repetiría, ¿verdad? Ningún ataque terrorista, que, por ejemplo, tiene lugar allí en un periodo determinado. Entonces, para no tener ningún tipo de ataque, intente establecerlo exactamente también en septiembre del 2005.

Luego, para transferir su recurso, así es como lo hace Dios, para que no haya, por ejemplo, una explosión en una planta de energía nuclear. Él muestra el nivel máximo de concentración de todo su conocimiento y el conocimiento de la gente. A menudo lo considera, como si lo ha transferido a la gente.

Y resulta que si aquí puede ver donde se manifestaron sus acciones, actividades, por así decirlo, que ha transferido el conocimiento a otras personas, entonces este ya es un sistema de control poderoso, que en realidad siempre se enfrenta a algo actual o futuro, situaciones. Porque una vez que vea que ha superado el nivel de realidad en el infinito, está claro que su recurso está limitado por un nivel infinito de comunicaciones. En consecuencia y naturalmente, puedes controlar con precisión máxima. Y, por ejemplo, en términos de la Eternidad de Dios, uno de los elementos es que Él transfirió el conocimiento y recibe una especie de nivel inverso de la Eternidad, pero ya multiplicado por el conocimiento de las personas que se multiplica por el conocimiento de las personas.

Resulta que, aunque el conocimiento es nuevamente de Dios, resulta que el conocimiento aquí está dividido, es decir, las personas deben tener un conocimiento personal del desarrollo eterno. Es por eso que Dios enseña. En este sentido, resulta que tenemos conocimiento personal que se puede obtener del hombre. Y luego está el uso del recurso humano.

Es decir, transmitir las coordenadas específicas de la acción, ver los eventos muchas veces y transmitirlos por telepatía en el futuro a personas específicas, de cómo comportarse, para que no haya problemas.

En relación con esta situación, intente resolver la situación en Sajalín, para que no haya eventos adversos, por lo tanto, en septiembre de 2005. Se trata de problemas naturales, causas naturales. Y, aun así, trate de relacionarlo con la situación de allí, bueno, en la capital, por ejemplo. Y resulta que es necesario vincularlo, en términos generales, con la situación en todo el mundo. Es decir, si hay algún tipo de fenómeno o incluso hay un terremoto natural que ocurre en un periodo anterior, por ejemplo, allí, en agosto del 2005, de todos modos, surge una ola y de alguna manera puede inducir o contribuir a la acción de las personas, en septiembre del 2005.

Por lo tanto, es necesario crear un fondo muy tranquilo: Donde no hay terremotos, no hay cataclismos naturales, no debería haber nada. Como mínimo, este entorno controlado debe estar orientado de tal manera y debe colocarse de tal manera, para evitar que esto suceda. Luego viene el control, dirigido a su control ya en octubre, del 2005. Lo principal es que, en Japón, en América del Norte, incluida Alaska, no habría problemas ecológicos y, en el caso de los acontecimientos, como Washington. Esto puede preocupar a Rusia. Pero Rusia lleva a cabo el control. El control como si tomara la fase política sobre sí mismo. Y resulta que tenemos una situación nominalizada en el mundo, en general, en el desarrollo infinito.

En noviembre del 2005, aquí estoy haciendo una aceleración especial, todo es bastante favorable en términos de la política mundial y las cosas van bastante bien allí. Inmediatamente puse tal control. La única tarea es aprobar una ley para mejorar la situación ecológica en los territorios federales de Rusia. A nivel legislativo, como si se debieran aprobar decretos adicionales para garantizar que se adoptarían nuevos medios, sistemas y métodos para la seguridad ambiental: Bueno, como nivel del sistema, siempre que no haya nada amenazador.

Dara los resultados en 10 años. Y en diciembre del 2005, aquí acabamos de completar un ano de trabajo, por así decirlo, ¿verdad? Ya podemos hablar de los problemas, teniendo en cuenta lo que se ha hecho: Establecer el objetivo de control, la implementación de su objetivo ahora. Obtener la implementación hasta diciembre del 2005. Y todo será bueno allí. Es decir, el objetivo del control finalmente se forma y se crea cuando se cierra el ciclo completo de algunos eventos futuros allí. Tal vez sea de hace 25 años, no necesariamente de un ano. Y obtienes el objetivo formado.

El objetivo creado aquí, cuando ya se ha desarrollado en términos de la relación con los eventos futuros (ahora he mostrado la interacción con los eventos futuros), eso es: Significa que es factible en el momento correcto y adecuado.

Factible precisamente de la manera, que quieras, ¿verdad? ... Eso concluye mi seminario de hoy. Muchas gracias por su atención.

NOTAS:

NOTAS:

NOTAS:

NOTAS:

NOTAS:

NOTAS:

NOTAS:

NOTAS:

NOTAS:

NOTAS:

NOTAS:

NOTAS:

NOTAS:

NOTAS:

NOTAS:

NOTAS:

NOTAS:

Made in the USA
Las Vegas, NV
08 January 2021